YCT

标准教程 活动手册 3
STANDARD COURSE　ACTIVITY BOOK

高等教育出版社·北京

主编　苏英霞
Lead Author　Su Yingxia

编者　解红　宋海燕　张静
Authors　Xie Hong　Song Haiyan　Zhang Jing

目录 Contents

Lesson 1 我三年级。
I'm in the third grade. 1

Lesson 2 你喜欢什么运动？
What's your favorite sport? 5

Lesson 3 我在画画儿呢。
I'm drawing a picture. 9

Lesson 4 喂，您好！
Hello! 13

Lesson 5 再吃几个。
Have some more. 17

Lesson 6 我能自己穿。
I can put it on by myself. 21

Lesson 7 生日快乐！
Happy birthday! 25

Lesson 8 下雪了。
It's snowing. 29

Lesson 9 笑一笑！
Smile! 33

Lesson 10 谁跑得快？
Who runs fast? 37

Lesson 11 妈妈把糖给弟弟了。
Mom has given the candy to your brother. 41

剪 贴 页   Cut and paste 45

参考答案   Answers 55

Lesson 1

我 三 年级。
I'm in the third grade.

1 读一读，填一填。Read and fill in.

认读下列词语，在空格处填上正确的声母。Read the words below, and fill in the blanks with the correct initials.

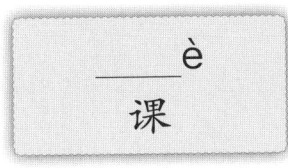
____è
课

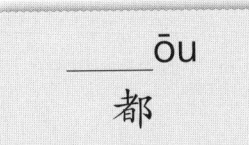
____ōu
都

____ái
还

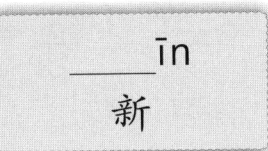
____īn
新

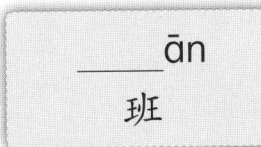
____ān
班

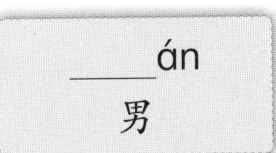
____án
男

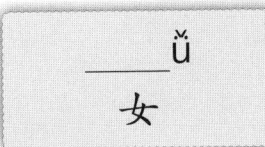
____ǔ
女

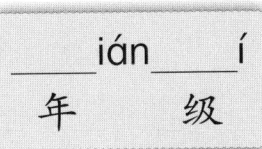
____ián____í
年 级

2 读一读，选一选。Read and choose.

读一读，选择恰当的词语完成句子。Read and choose the correct words to complete the sentences.

niánjí
A. 年级

kè
B. 课

xīn
C. 新

bān
D. 班

(1) 我们 都 有 汉语_____。
　　Wǒmen dōu yǒu Hànyǔ

(2) 我们 _____ 有 两 个 女 老师。
　　Wǒmen　　　　yǒu liǎng ge nǚ lǎoshī.

(3) A：你 几 _____？
　　　Nǐ jǐ
　　B：我 三 年级。
　　　Wǒ sān niánjí.

(4) 马丁 是 我 的 _____ 朋友。
　　Mǎdīng shì wǒ de　　　　péngyou.

1

3 填一填，说一说。 Fill in and speak.

为下列人物选择正确的性别，并说一说。Choose the correct gender for the characters below and speak aloud.

A. nán 男   B. nǚ 女

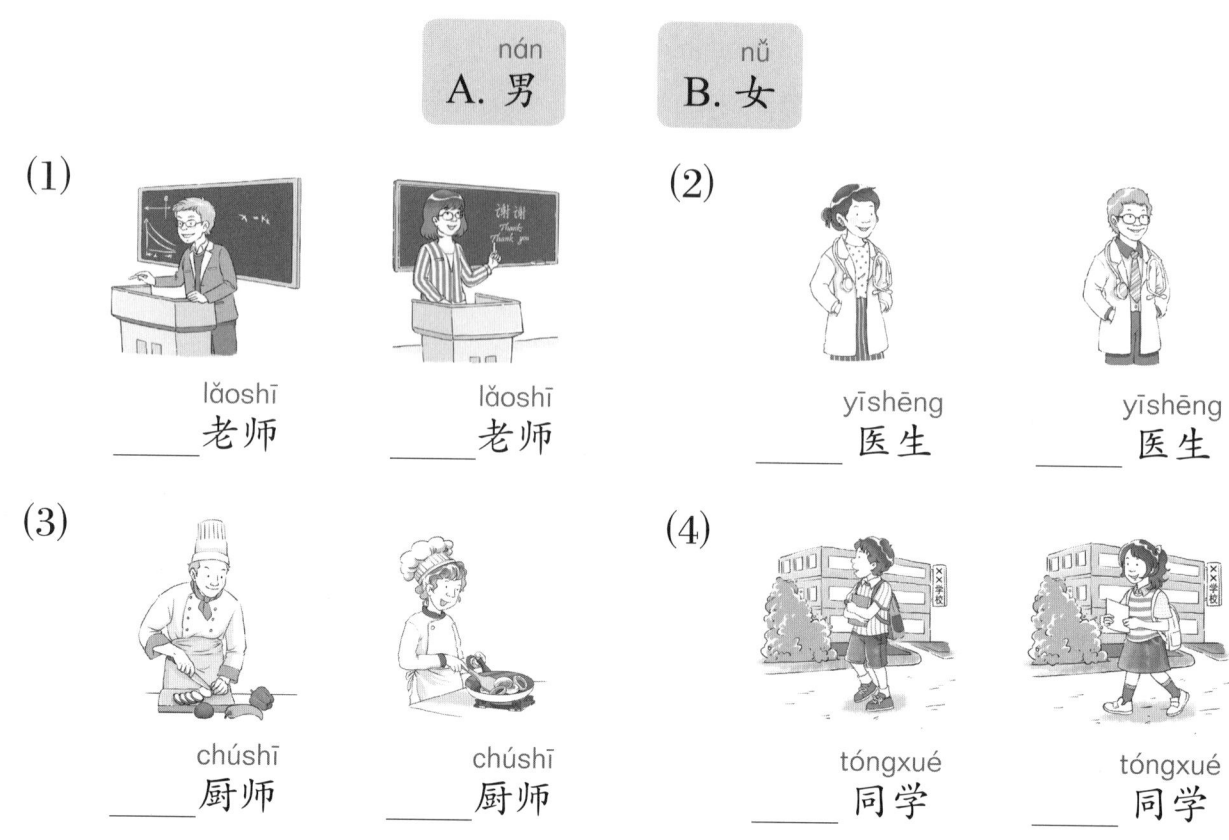

(1) ____ lǎoshī 老师   ____ lǎoshī 老师

(2) ____ yīshēng 医生   ____ yīshēng 医生

(3) ____ chúshī 厨师   ____ chúshī 厨师

(4) ____ tóngxué 同学   ____ tóngxué 同学

4 想一想，填一填。 Think and fill in.

想一想，用"也"或"都"完成下列句子。Think and use "也" or "都" to complete the sentences.

A. yě 也   B. dōu 都

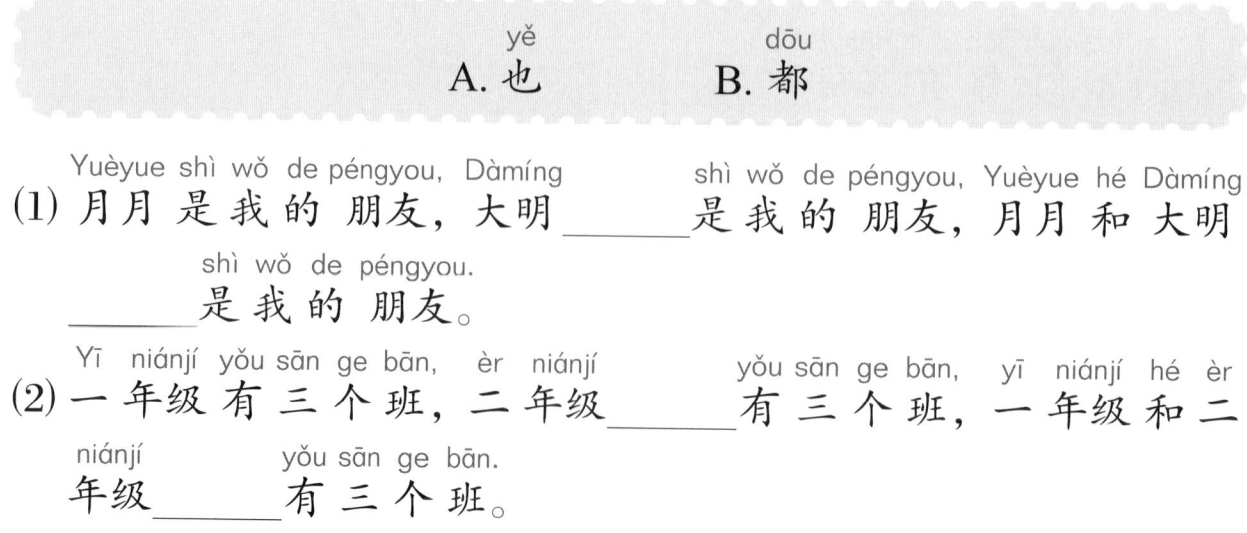

(1) Yuèyue shì wǒ de péngyou, Dàmíng ____ shì wǒ de péngyou, Yuèyue hé Dàmíng
月月 是 我 的 朋友，大明 _____是 我 的 朋友，月月 和 大明
____ shì wǒ de péngyou.
_____是 我 的 朋友。

(2) Yī niánjí yǒu sān ge bān, èr niánjí ____ yǒu sān ge bān, yī niánjí hé èr
一年级 有 三 个 班，二年级 _____有 三 个 班，一年级 和 二
niánjí ____ yǒu sān ge bān.
年级 _____有 三 个 班。

我三年级。
I'm in the third grade.

1

5 练一练，说一说。Practice and speak.

看图片，说一说。Look at the pictures and speak.

(1)

例：我们班有两个张老师，一个是男老师，还有一个是女老师。
Wǒmen bān yǒu liǎng ge Zhāng lǎoshī, yí ge shì nán lǎoshī, hái yǒu yí ge shì nǚ lǎoshī.

(2)

椅子上有两本书。
Yǐzi shang yǒu liǎng běn shū.

一本是英语（English）书，
Yì běn shì Yīngyǔ shū,

还有一本是_____。
hái yǒu yì běn shì _____.

(3)

他画了两只动物（animal）。
Tā huàle liǎng zhī dòngwù.

一只是_____，
Yì zhī shì _____,

还有一只是_____。
hái yǒu yì zhī shì _____.

(4)

桌子上有两个水果（fruit）。
Zhuōzi shang yǒu liǎng ge shuǐguǒ.

_____，

_____。

3

YCT 标准教程·活动手册
Standard Course · Activity Book

6 读一读，圈一圈。Read and circle.

读下面一段话，在图片中圈出和短文内容不一致的地方。Read the text below, and circle the things in the picture that are different from the content of the text.

> Gēge hé mèimei de tóufa dōu hěn duǎn. Tāmen dōu ài chī xiāngjiāo.
> 哥哥和妹妹的头发都很短。他们都爱吃香蕉。
> Gēge bú huì huà huàr, mèimei yě bú huì huà huàr.
> 哥哥不会画画儿，妹妹也不会画画儿。

7 学一学，写一写。Learn and write.

写汉字。Write the character.

还 还 还 还

一 ァ 不 不 不 还 还

Lesson 2   你喜欢什么运动?
What's your favorite sport?

1 读一读，涂一涂。Read and color.

给每组中声调不同的词语涂色。Color the word with different tones from the other words in each group.

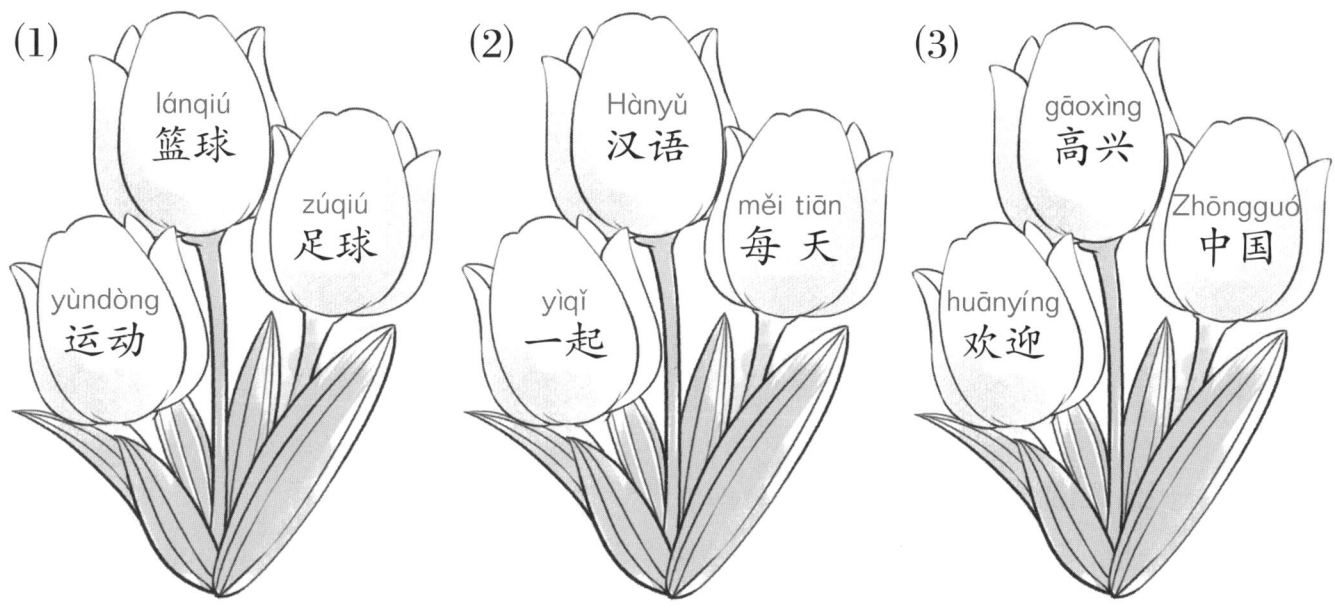

2 读一读，连一连。Read and match.

将对应的图片、词语和拼音连起来。Connect the corresponding pictures, words and Pinyin.

3 读一读，分一分。Read and sort.

读下列词语，然后给它们归类。Read the words below, and sort them by category.

A. 游泳 yóuyǒng B. 面条 miàntiáo C. 苹果 píngguǒ D. 踢足球 tī zúqiú E. 红色 hóngsè F. 包子 bāozi

G. 绿色 lǜsè H. 香蕉 xiāngjiāo I. 米饭 mǐfàn J. 打篮球 dǎ lánqiú K. 黄色 huángsè

(1) 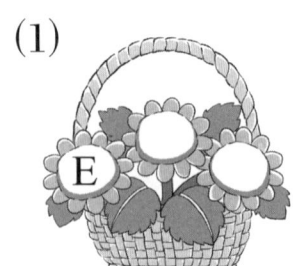 (2) (3) 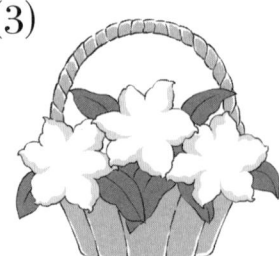 (4)

颜色（color） yánsè 水果（fruit） shuǐguǒ 运动（sport） yùndòng 主食（staple food） zhǔshí

4 练一练，说一说。Practice and talk.

两人一组，谈谈自己的喜好，可以使用第3题的词语。Work in pairs. Talk about your likes. The words in Activity 3 can be used.

你 喜欢 什么 颜色（color）/ 水果（fruit）/ 运动（sport）/ 主食（staple food）？
Nǐ xǐhuan shénme yánsè / shuǐguǒ / yùndòng / zhǔshí ?

我 喜欢_____，还 喜欢_____。
Wǒ xǐhuan , hái xǐhuan .
你 呢？
Nǐ ne?

我（也）喜欢_____。
Wǒ (yě) xǐhuan .

你喜欢什么运动?
What's your favorite sport?

2

5 Bingo**游戏**。Bingo.

把第45页的句子剪下来贴到Bingo图中。听老师说句子，先选择合适的应答语回应老师，然后圈出老师说的句子。圈出的三个句子先连成一条横线、竖线或斜线的同学胜利。Cut out the sentences on Page 45 and paste them onto the Bingo board below. Listen to the teacher read sentences, first choose the corresponding answer and then circle the sentences you heard. The student who first circles three sentences that make a complete row, column, or diagonal wins.

Zhēnde ma? Tài hǎo le!
真的吗？太好了！

Huānyíng, huānyíng!
欢迎，欢迎！

6 读一读，选一选。Read and choose.

读对话，选择相应的图片。Read the dialogues, and choose the corresponding pictures.

A.   B.   C.   D.

(1) A：Wǒ yě xǐhuan tī zúqiú.
我也喜欢踢足球。
B：Nà wǒmen yìqǐ tī ba.
那我们一起踢吧。 ☐

(2) A：Nǐ xǐhuan shénme yùndòng?
你喜欢什么运动？
B：Wǒ xǐhuan yóuyǒng, wǒ měi tiān dōu yóuyǒng.
我喜欢游泳，我每天都游泳。 ☐

(3) A：Wǒ hé nǐmen yìqǐ dǎ lánqiú, hǎo ma?
我和你们一起打篮球，好吗？
B：Huānyíng, huānyíng!
欢迎，欢迎！ ☐

(4) A：Míngtiān zǎoshang wǔ diǎn jiàn.
明天早上5点见。
B：Tài zǎo le!
太早了！ ☐

7 学一学，写一写。Learn and write.

写汉字。Write the character.

Lesson 3

我在画画儿呢。
I'm drawing a picture.

1 读一读，填一填。Read and fill in.

认读下列汉字，选择正确的韵母填在每组汉字的后面。Read the characters below, and fill in the blanks with the correct finals.

> u   ai   ao   iao   ang

(1) jiào 叫   tiào 跳   _____

(2) ràng 让   chàng 唱   _____

(3) bù 步   wǔ 舞   _____

(4) nǎi 奶   tài 太   _____

(5) pǎo 跑   hǎo 好   _____

2 读一读，圈一圈。Read and circle.

认读下列词语，圈出有轻声音节的词语。Read the words below, and circle the words that have neutral-tones.

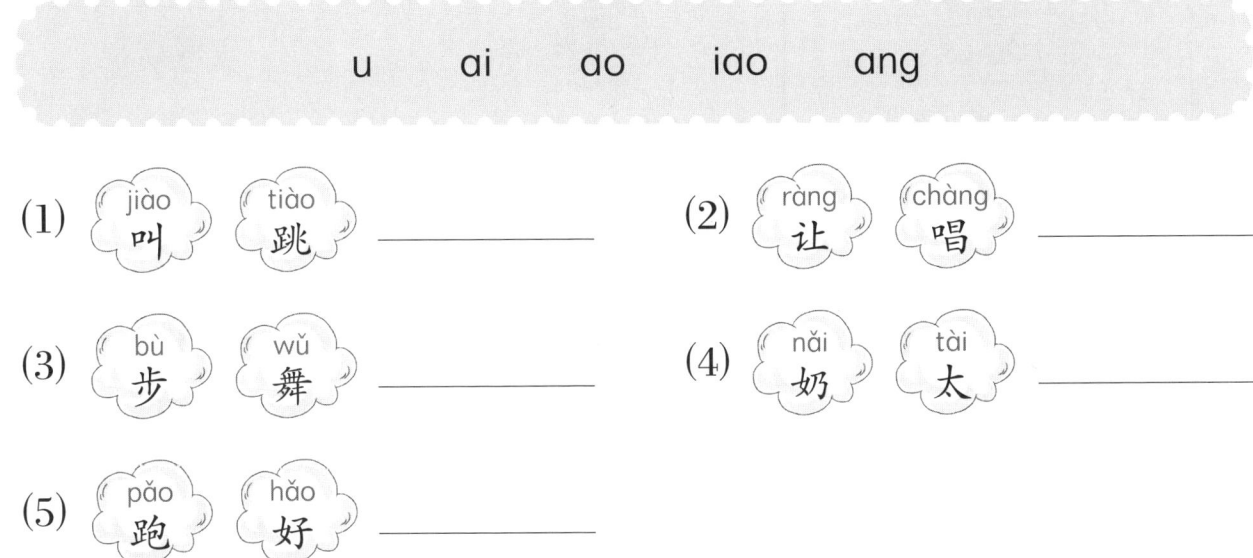

tàiyang 太阳   gēge 哥哥   yuèliang 月亮   zuò fàn 做饭

nǎinai 奶奶   jiějie 姐姐   mèimei 妹妹   tiàowǔ 跳舞

bàba 爸爸   māma 妈妈   pǎobù 跑步   yéye 爷爷

chànggē 唱歌   dìdi 弟弟   xièxie 谢谢   zàijiàn 再见

3 贴一贴，读一读。Paste and read.

把第45页的词语剪下来，贴在相应的图片下面，并读一读。Cut out the words on Page 45, paste them below the corresponding pictures, and read aloud.

我在画画儿呢。
I'm drawing a picture.

3

4 演一演，猜一猜。Act and guess.

一名同学表演一个动作，其他同学猜一猜他／她表演的是什么动作，并用"你在……呢"说一说。One student acts out an action, and the other students guess what action he or she is doing and use "你在……呢" to say the sentence.

Nǐ zài pǎobù ne.
你在跑步呢。

5 玩一玩，说一说。Play and talk.

2—3人一组，一人掷骰子选句子，其他人一起读出这个句子，掷骰子的同学根据提示词，用"让我……"回应这个句子。Work in groups of two to three. One student rolls the dice to choose a sentence, and the others read this sentence aloud. The student who rolled the dice uses the cue words and the sentence pattern "让我……" to respond.

bǐ
比

kàn
看

Zhège shūbāo zhēn piàoliang!
1. 这个书包真漂亮！

Zhè shì wǒ de xīn xióngmāo!
2. 这是我的新熊猫！

Shéi de tóufa cháng?
3. 谁的头发长？

Zhè shì nǐ de lánqiú ma?
4. 这是你的篮球吗？

Nǐmen shéi de gèzi gāo?
5. 你们谁的个子高？

Dìdi huà de xiǎo māo zhēn hǎokàn!
6. 弟弟画的小猫真好看！

Zhège shūbāo zhēn piàoliang!
这个书包真漂亮！

Ràng wǒ kànkan.
让我看看。

11

6 读一读，画一画。Read and draw.

认读汉字，给每组汉字中相同的部分涂上颜色。Read the characters, color the same part of the characters in each group.

7 学一学，写一写。Learn and write.

写汉字。Write the character.

Lesson 4 喂，您好！
Hello!

1 找一找，涂一涂。Find and color.

找出汉字的正确拼音，并涂上自己喜欢的颜色。Identify the correct Pinyin for each character, and shade it in with the color of your choice.

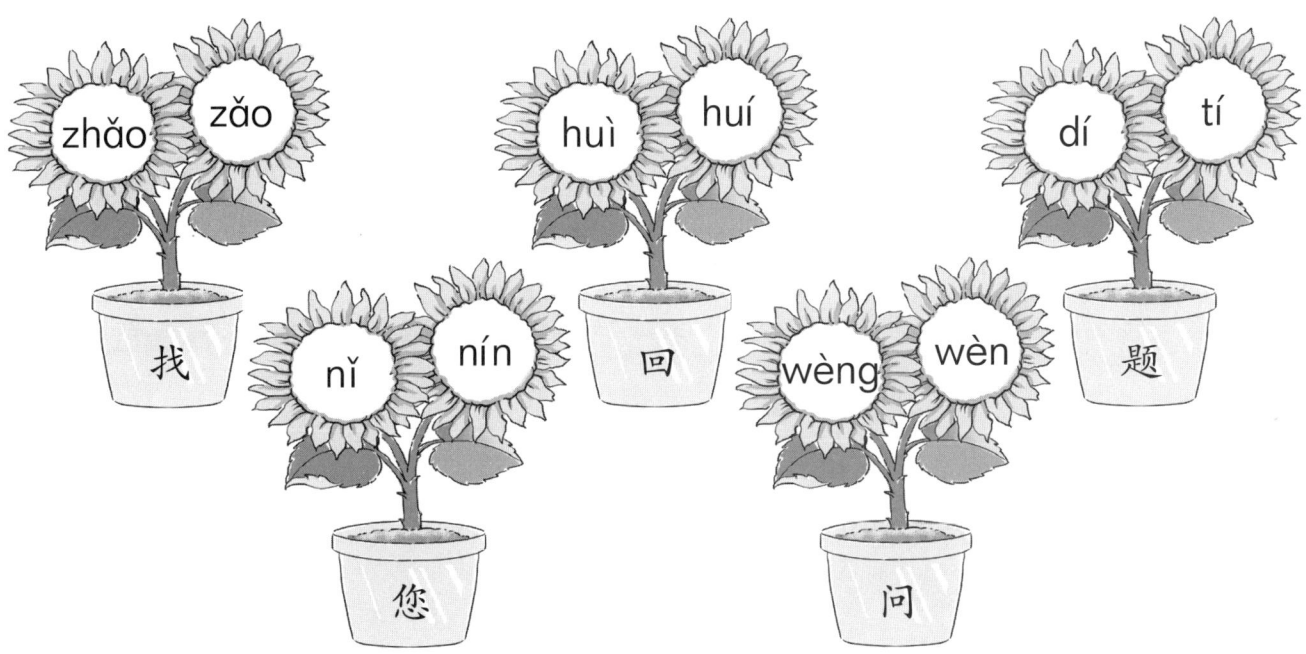

2 读一读，圈一圈。Read and circle.

认读下列汉字，圈出每组中声母不同的字。Read the characters and circle the characters with the different initial from the others in each group.

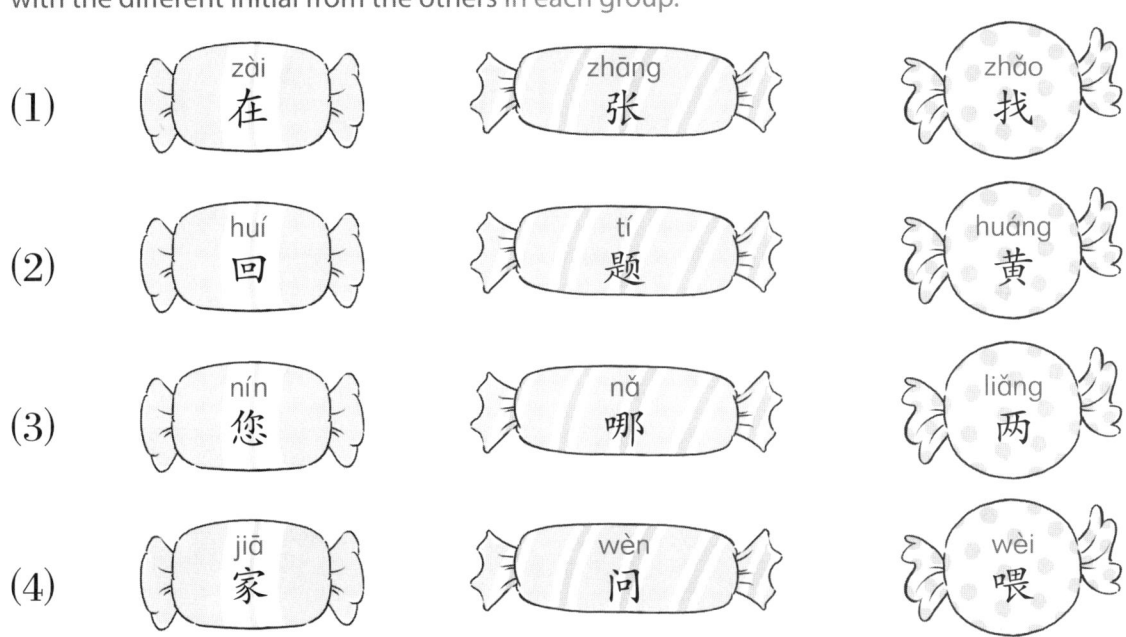

(1) zài 在 / zhāng 张 / zhǎo 找

(2) huí 回 / tí 题 / huáng 黄

(3) nín 您 / nǎ 哪 / liǎng 两

(4) jiā 家 / wèn 问 / wèi 喂

13

3 选一选，读一读。Choose and read.

选择正确的词语完成句子，然后读一读。Choose the correct words to complete the sentences, and read aloud.

A. 找 (zhǎo)　B. 问题 (wèntí)　C. 喂 (wèi)

(1) _____，你好。(nǐ hǎo)

(2) 我_____我爸爸。(Wǒ ... wǒ bàba.)

(3) 你有什么_____？(Nǐ yǒu shénme ...?)

4 读一读，连一连。Read and match.

将句子与对应的图片连起来。Match the sentences with corresponding pictures.

(1) 喂，您好！(Wèi, nín hǎo!)

(2) 爷爷回家了。(Yéye huí jiā le.)

(3) 她有一个问题。(Tā yǒu yí ge wèntí.)

(4) 我在找篮球。(Wǒ zài zhǎo lánqiú.)

喂，您好！ 4
Hello!

5 做一做，说一说。 Practice and talk.

做一个简易的电话，和你的朋友用汉语聊一聊吧！ Make a simple telephone, and talk with your friend in Chinese!

Wèi, nín hǎo! Yuèyue zài ma?
喂，您好！月月在吗？

Tā bú zài. Nín shì shéi?
她不在。您是谁？

6 排一排，读一读。Reorder and read.

给词语排序组成句子，然后读一读。Rearrange the words into sentences, and read aloud.

(1)

(2)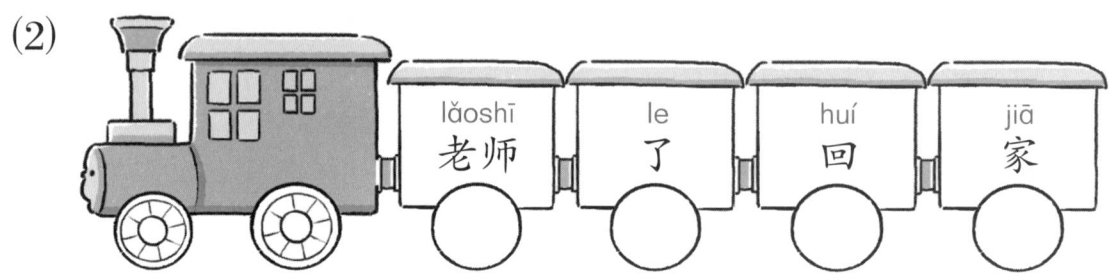

(3)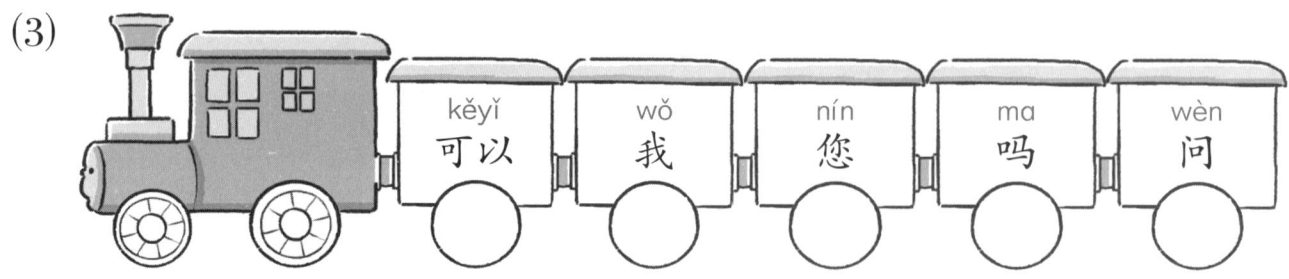

7 学一学，写一写。Learn and write.

写汉字。Write the character.

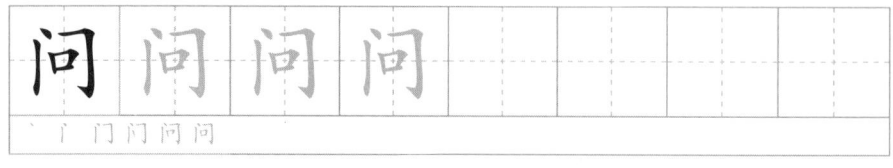

16

Lesson 5 再吃几个。
Have some more.

1 连一连，读一读。Match and read.
把汉字和对应的拼音连起来，并读一读。Match each character with the corresponding *Pinyin* and read aloud.

饿　饱　想　给　最　再

xiǎng　gěi　zài　è　bǎo　zuì

2 读一读，选一选。Read and choose.
读词语，选择正确的图片。Read the words and choose the correct pictures.

(1) jiǎozi
饺子

(2) è
饿

(3) gěi
给

(4) miàntiáor
面条儿

17

3 涂一涂，读一读。Color and read.

给正确的词语所在的盘子涂上自己喜欢的颜色。Color the plates with the correct words in the color of your choice.

(1) _____ chī yì wǎn miàntiáor.
吃 一 碗 面条儿。

A. zài 再   B. zuì 最

(2) Nǎinai 奶奶 _____ wǒ liǎng ge píngguǒ. 我 两 个 苹果。

A. xiǎng 想   B. gěi 给

(3) Wǒ 我 _____ le, yǒu mǐfàn ma? 了，有 米饭 吗？

A. è 饿   B. bǎo 饱

4 连一连，读一读。Match and read.

把问句和对应的答句连起来，然后读一读。Match the questions with the corresponding answers, and read aloud.

| Nǐ xiǎng chī miàntiáor ma?
你 想 吃 面条儿 吗？ | Wǒ xiǎng hē bīng shuǐ.
我 想 喝 冰 水。 |

| Wǒ xiǎng chī dàngāo.
我 想 吃 蛋糕。 | Bù chī le, wǒ bǎo le.
不 吃 了，我 饱 了。 |

| Nǐ xiǎng hē shénme?
你 想 喝 什么？ | Hǎo, gěi nǐ.
好，给 你。 |

| Zài chī jǐ ge.
再 吃 几 个。 | Xiǎng chī.
想 吃。 |

再吃几个。
Have some more.

5

5 读一读，选一选。Read and choose.

读对话，选择正确的图片。Read the dialogues, and choose the correct pictures.

(1) A：Nǐ zuì ài chī shénme?
　　　你 最 爱 吃 什么？
　　B：Wǒ zuì ài chī jiǎozi.
　　　我 最 爱 吃 饺子。

(2) A：Zài chī jǐ ge.
　　　再 吃 几 个。
　　B：Bù chī le, tài bǎo le!
　　　不 吃 了，太 饱 了！

(3) A：Wǒ xiǎng chī píngguǒ.
　　　我 想 吃 苹果。
　　B：Hǎo, gěi nǐ.
　　　好，给 你。

6 画一画，读一读。Draw and read.

根据句子，画出对应的食物，并读一读。Draw the food according to the sentences, and read aloud.

(1) Māma zuì ài hē niúnǎi.
　　妈妈 最 爱 喝 牛奶。

(2) Wǒ xiǎng chī miàntiáor.
　　我 想 吃 面条儿。

(3) Dàngāo tài hǎochī le!
　　蛋糕 太 好吃 了！

(4) Zài chī jǐ ge jiǎozi.
　　再 吃 几 个 饺子。

7 看一看，说一说。Look and speak.

看图片和词语，用"最"说句子。Look at the pictures and words, and make sentences using "最".

> Wǒ zuì xǐhuan tī zúqiú.
> 例：我最喜欢踢足球。

tī zúqiú
踢 足球

chī miàntiáor
吃 面条儿

hē niúnǎi
喝 牛奶

chànggē
唱歌

| tiàowǔ | dǎ lánqiú | hē chá | chī mǐfàn | chī jiǎozi |
| 跳舞 | 打篮球 | 喝 茶 | 吃米饭 | 吃饺子 |

| chī dàngāo | yóuyǒng | pǎobù | xiǎo gǒu | hóngsè |
| 吃 蛋糕 | 游泳 | 跑步 | 小 狗 | 红色 |

8 学一学，写一写。Learn and write.

写汉字。Write the character.

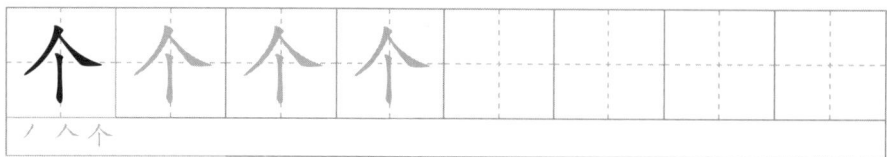

Lesson 6 我能自己穿。
I can put it on by myself.

1 找一找，涂一涂。Find and color.

给汉字和对应的拼音涂上相同的颜色。Color the characters with the corresponding *Pinyin* in the same color.

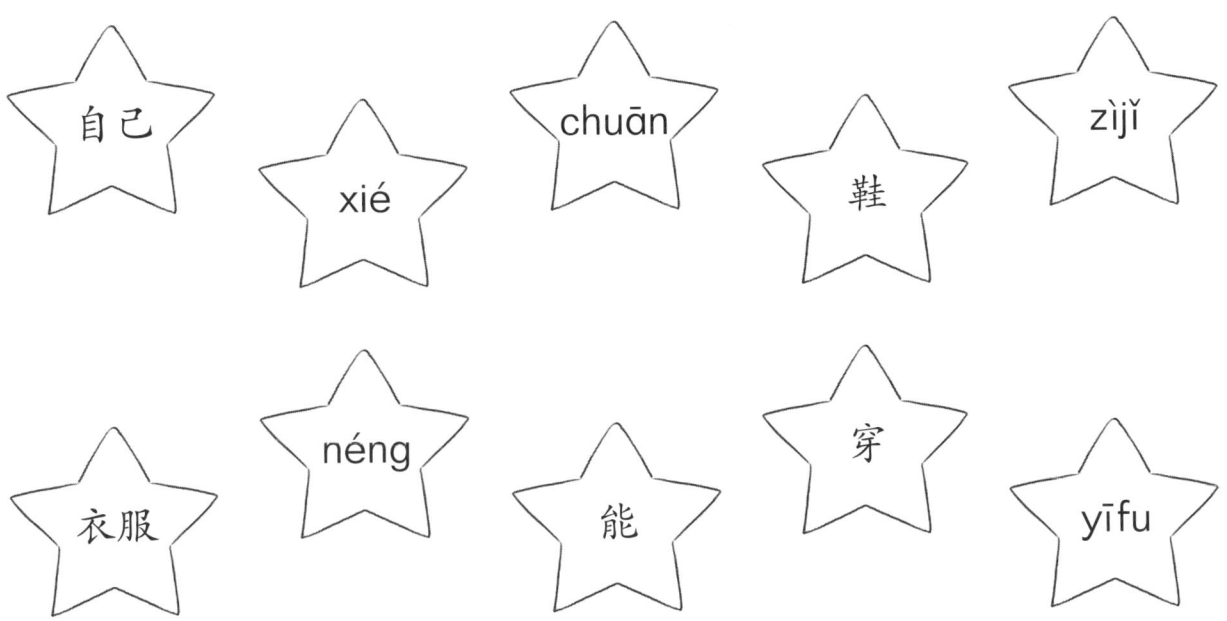

2 读一读，想一想。Read and think.

读词语，判断图片与词语是否相符，相符的画"√"，不相符的画"×"。Read each word and determine whether it matches with the picture. If it matches, mark "√"; if it doesn't match, mark "×".

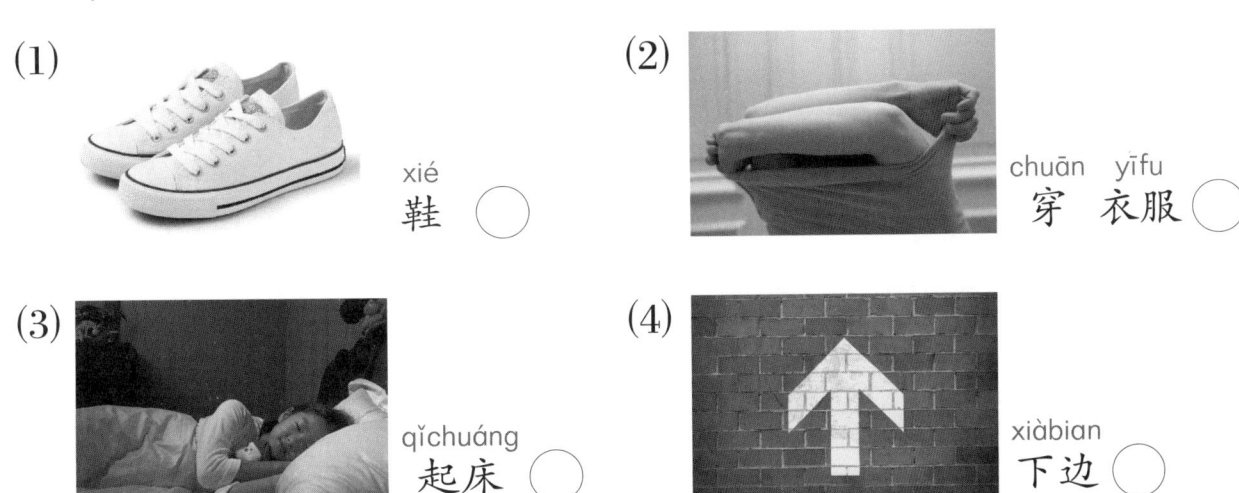

21

3 连一连，说一说。Match and speak.

把动词和对应的图片连起来，然后说一说。Match the verbs with the corresponding pictures, and practice saying the phrases.

例：chī jiǎozi
吃饺子

 chuān 穿　　 chī 吃　　 dǎ 打　　 hē 喝　　tī 踢

 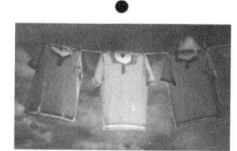   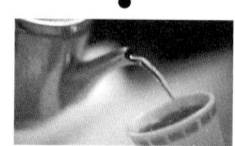

4 看一看，说一说。Look and talk.

两人一组，根据图片，完成对话。Work in pairs. Complete the dialogues according to the pictures.

(1)

A：Nǐ néng zìjǐ chuān yīfu ma?
你 能 自己 穿 衣服 吗？

B：_____。

(2)

A：Wǒ de shūbāo _____？
我的书包_____？

B：Zài zhuōzi shàngbian.
在 桌子 上边。

(3)

A：_____，hǎo bu hǎo?
_____，好不好？

B：Bù, wǒ néng zìjǐ chuān.
不，我 能 自己 穿。

(4)

A：Wǒ néng chī zhège píngguǒ ma?
我 能 吃 这个 苹果 吗？

B：_____。

我能自己穿。 6
I can put it on by myself.

5 **画一画，说一说。** Draw and talk.

想一想，自己平时能做哪些事情（至少4件），画出来并用汉语和朋友说一说。

Think about what things you can generally do by yourself (at least 4 things), draw these things down and talk with your friends in Chinese.

> Wǒ néng zìjǐ ...
> 我 能 自己……

6 排一排，读一读。Reorder and read.

给下列句子排序，然后读一读。Arrange the sentences into the correct order, and read aloud.

A. Bù néng, wǒ de yīfu tài dà le!
   不能，我的衣服太大了！

B. Wǒ de yīfu zài chuáng shang.
   我的衣服在床上。

C. Gēge, nǐ de yīfu zài nǎr?
   哥哥，你的衣服在哪儿？

D. Wǒ néng chuān nǐ de yīfu ma?
   我能穿你的衣服吗？

7 学一学，写一写。Learn and write.

写汉字。Write the character.

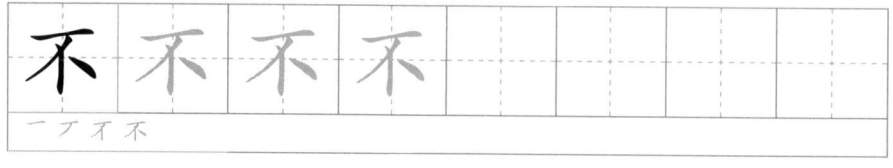

Lesson 7 生日快乐!
Happy birthday!

1 看一看，写一写。Look and write.

根据图片和汉字提示，补全拼音。Complete the *Pinyin*, using the characters and pictures as clues.

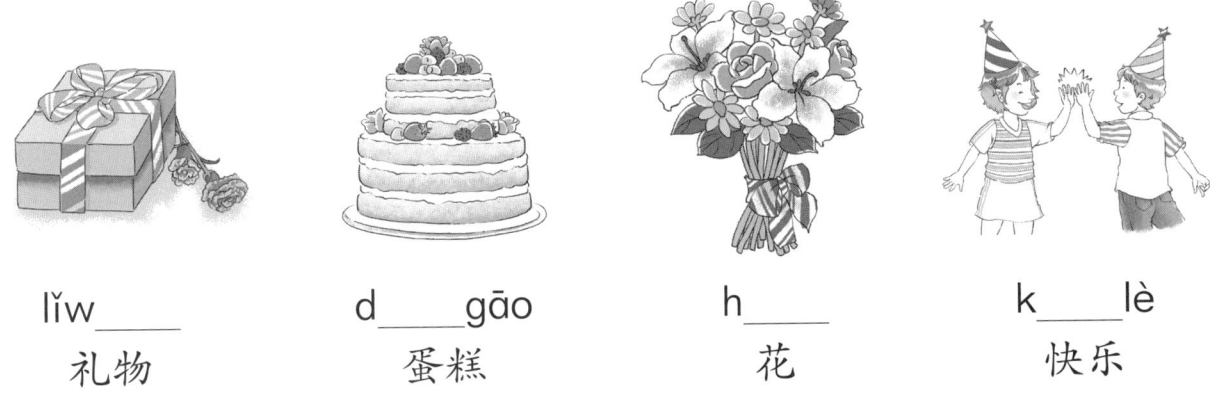

lǐw____   d____gāo   h____   k____lè
礼物   蛋糕   花   快乐

2 读一读，选一选。Read and choose.

读词语，选择正确的图片。Read the words and choose the correct pictures.

25

3 读一读，选一选。Read and choose.

根据句子选择正确的图片，将序号填在方框里。Choose the correct pictures according to the sentences, and write in the blanks.

A. 　　B. 　　C. 　　D. Happy Birthday!　　E.

(1) Zhè shì wǒ sòng nín de huā.
　　这是我送您的花。　□

(2) Wǒmen gěi māma zuò yí ge dàngāo ba.
　　我们给妈妈做一个蛋糕吧。　□

(3) Zhège lǐwù tài piàoliang le.
　　这个礼物太漂亮了。　□

(4) Wǒ bú huì zuò dàngāo, dànshì wǒ huì huà dàngāo.
　　我不会做蛋糕，但是我会画蛋糕。　□

(5) Māma, shēngrì kuàilè!
　　妈妈，生日快乐！　□

4 读一读，连一连。Read and match.

读一读，选择合适的句子连线。Read and match to make complete sentences.

Wǒ bú huì zuò miàntiáor, 我不会做面条儿，	•	•	dànshì méiyǒu qián. 但是没有钱。
Wǒ bù xǐhuan chī píngguǒ, 我不喜欢吃苹果，	•	•	dànshì hěn rè. 但是很热。
Jīntiān tiānqì hěn hǎo, 今天天气很好，	•	•	dànshì wǒ māma ài chī píngguǒ. 但是我妈妈爱吃苹果。
Wǒ xiǎng gěi māma mǎi huā, 我想给妈妈买花，	•	•	dànshì wǒ xǐhuan chī miàntiáor. 但是我喜欢吃面条儿。

生日快乐！
Happy birthday!

7

5 读一读，做一做。Read and make.

读下列词语，画出来并做成卡片。有能力的同学可以做更多的卡片。Read the words below, and draw pictures to each of them to make flashcards. If you can, create more flashcards.

dàngāo 蛋糕　　chángshòu miàn 长寿面　　yīfu 衣服
huā 花　　píngguǒ 苹果　　xióngmāo 熊猫

6 选一选，说一说。Choose and talk.

两人一组。将上题所做卡片翻到背面，一名同学随机选择卡片问"你送妈妈什么礼物？"，另一名同学根据卡片上的提示词，用"我给妈妈……"说句子。Work in pairs. Place the flashcards you made in the Activity 5 facedown. One student randomly chooses a card, and asks "你送妈妈什么礼物？(What gift will you give mom?)". The other student responds with "我给妈妈……(I will… for mom)" according to the word on that card.

Wǒ gěi māma …
我给妈妈……

zuò 做　　mǎi 买　　huà 画

27

7 读一读，填一填。Read and fill in.

将词语的序号填写在句子的正确位置上。Insert the words into the correct position in the sentences.

(1) Wǒ bú huì zuò ___, ___ wǒ ___ huà dàngāo.
我 不 会 做 ___, ___ 我 ___ 画 蛋糕。

> A. huì 会   B. dàngāo 蛋糕   C. dànshì 但是

(2) Wǒmen gěi māma ___ yí ge ___.
我们 给 妈妈 ___ 一个 ___。

> A. ba 吧   B. lǐwù 礼物   C. sòng 送

(3) Māma, ___ ___! Zhè shì wǒmen sòng nín de ___.
妈妈, ___ ___! 这 是 我们 送 您 的 ___。

> A. kuàilè 快乐   B. huā 花   C. shēngrì 生日

(4) Zhège ___ ___, ___ bù hǎokàn.
这个 ___ ___, ___ 不 好看。

> A. dànshì 但是   B. hǎochī 好吃   C. dàngāo 蛋糕

(5) Wǒ ___ māma sòng ___, nǐ gěi māma ___ shénme?
我 ___ 妈妈 送 ___, 你 给 妈妈 ___ 什么？

> A. sòng 送   B. huā 花   C. gěi 给

8 学一学，写一写。Learn and write.

写汉字。Write the character.

花 花 花 花

一十艹艹艹花花花

Lesson 8 下雪了。
It's snowing.

1 找一找，圈一圈。Find and circle.

仿照例子，在表格中圈出词语的拼音，并标上声调。Circle the *Pinyin* for each word and mark the tone, as in the example.

听　　下雪　　外面　　出去　　作业　　别

q	b	b	c	x	d	a
x	i	a	x	u	e	n
s	e	e	t	a	c	p
t	ī	n	g	x	k	e
i	o	l	ch	u	q	u
z	u	o	y	e	n	h
w	a	i	m	i	a	n

2 看一看，选一选。Look and choose.

看图片，选择正确的词语。Look at the pictures and choose the correct words.

(1) wàimian 外面 ○　　lǐmian 里面 ○

(2) tī zúqiú 踢足球 ○　　pǎobù 跑步 ○

(3) xiàxuě 下雪 ○　　xiàyǔ 下雨 ○

(4) tīng 听 ○　　kàn 看 ○

(5) zuò zuòyè 做作业 ○　　chànggē 唱歌 ○

(6) jìnlai 进来 ○　　chūlai 出来 ○

29

3 读一读，选一选。Read and choose.

根据句子选择正确的图片，将序号填在方框里。Choose the correct pictures according to the sentences, and fill in the letters in the boxes.

```
       Gēge,  nǐ kàn, xiàxuě le!
□  (1) 哥哥，你看，下雪了！

       Xiàyǔ le,  nǐ hái tī zúqiú ma?
□  (2) 下雨了，你还踢足球吗？

       Bàba,  nǐ tīng, wàimian xiàyǔ le.
□  (3) 爸爸，你听，外面下雨了。

       Bié pǎobù le,  bāng wǒ zuò zuòyè ba!
□  (4) 别跑步了，帮我做作业吧！
```

A. B. C. D.

4 排一排，读一读。Reorder and read.

给词语排序组成句子，然后读一读。Rearrange the words into sentences, and read aloud.

(1)
xǐhuan / xiàxuě / wǒ
喜欢 / 下雪 / 我(1)

(2)
chūqu / nǐ / ma
出去 / 你 / 吗

(3)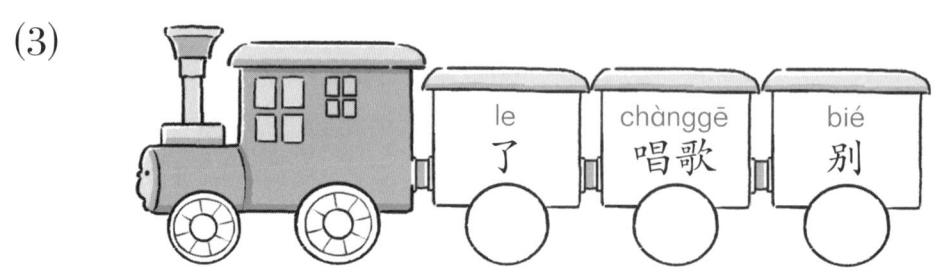
le / chànggē / bié
了 / 唱歌 / 别

8 下雪了。
It's snowing.

5 Bingo游戏。Bingo.

把第47页的图片剪下来贴到Bingo图中,听老师说句子,根据老师说的句子圈出图画。三幅图画先连成一条横线、竖线或斜线的同学获胜。Cut out the pictures on Page 47 and paste them onto the Bingo board below. Listen to the teacher read sentences, and circle the pictures corresponding to the sentences. The student who first circles three pictures that make a complete row, column, or diagonal wins.

6 问一问，想一想。Ask and think.

问一问你的家人或者上网查询，想一想下面的城市一月会不会下雪。Ask your family members or search online to find out whether it snows in January in the cities below.

Běijīng
北京（Beijing）

Niǔyuē
纽约（New York）

Xīní
悉尼（Sydney）

Bālí
巴黎（Paris）

Dōngjīng
东京（Tokyo）

Hé'nèi
河内（Hanoi）

Lúndūn
伦敦（London）

Bālí dǎo
巴厘岛
（Bali Island）

Běijí
北极
（the North Pole）

7 学一学，写一写。Learn and write.

写汉字。Write the character.

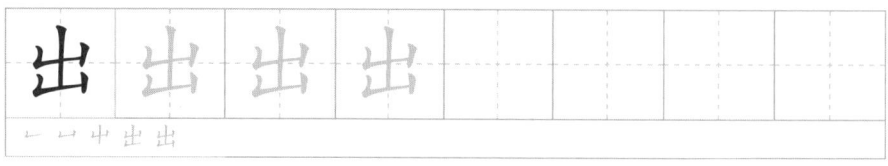

Lesson 9 笑一笑！
Smile!

1 连一连，读一读。 Match and read.

把声母和韵母连起来，组成音节，并读一读。Match the initials with the finals to make syllables, and read them aloud.

d •	• éng •	• kū
m •	• ié •	• xiào
zh •	• ū •	• māo
k •	• ǎo •	• diū
x •	• iào •	• zěn
z •	• āo •	• bié
b •	• iū •	• zhǎo
p •	• ěn •	• péng

2 读一读，选一选。 Read and choose.

读词语，选择正确的图片。Read the words and choose the correct pictures.

(1) xióngmāo 熊猫

(2) xiào yi xiào 笑一笑

(3) kūle 哭了

(4) diūle 丢了

(5) zhǎodào le 找到了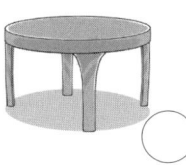

33

3 找一找，说一说。Find and talk.

读下列词语，画出来并做成卡片。有能力的同学可以做更多的卡片。两人一组，参照例子，利用词语卡片完成对话。Read the words below, and draw pictures to each of them to make flashcards. If you can, create more flashcards. Work in pairs and use the flashcards to have a dialogue, as the example.

xióngmāo	yīfu	xié	lánqiú
熊猫	衣服	鞋	篮球

zúqiú	xiǎo gǒu	qiānbǐ	shūbāo
足球	小狗	铅笔	书包

A：Nǐ zěnme kū le?
你怎么哭了？

B：Wǒ de xióngmāo diū le.
我的 <u>熊猫</u> 丢了。

A：Bié kū, wǒmen yìqǐ zhǎo yi zhǎo.
别哭，我们一起找一找。

B：Zhǎodào le!
找到了！

A：Tài hǎo le!
太好了！

Xiào yi xiào ba!
笑一笑吧！

笑一笑! Smile! 9

4 Bingo游戏。 Bingo.

把第49页的短语卡片剪下来贴到Bingo图中,听老师说句子,根据老师说的句子圈出短语。三个短语先连成一条横线、竖线或斜线的同学获胜。Cut out the flashcards on Page 49 and paste them onto the Bingo board below. Listen to the teacher read sentences, and circle the phrases corresponding to the sentences. The student who first circles three phrases that make a complete row, column, or diagonal wins.

5 排一排，读一读。Reorder and read.

给词语排序组成句子，然后读一读。Rearrange the words into sentences, and read aloud.

(1) le 了 / bié 别 [1] / kū 哭

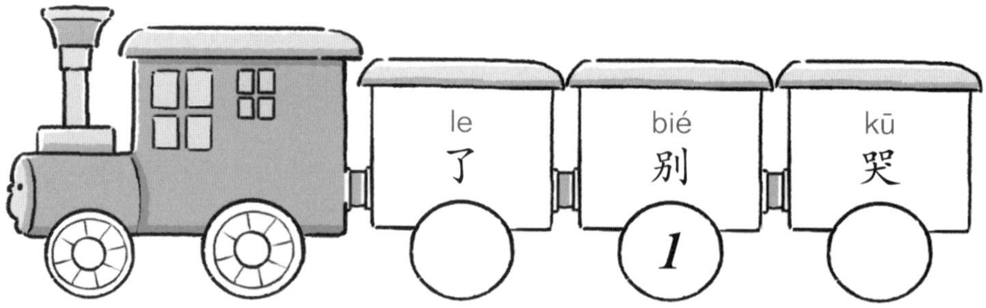

(2) tā de 他的 / diū le 丢了 / dōngxi 东西

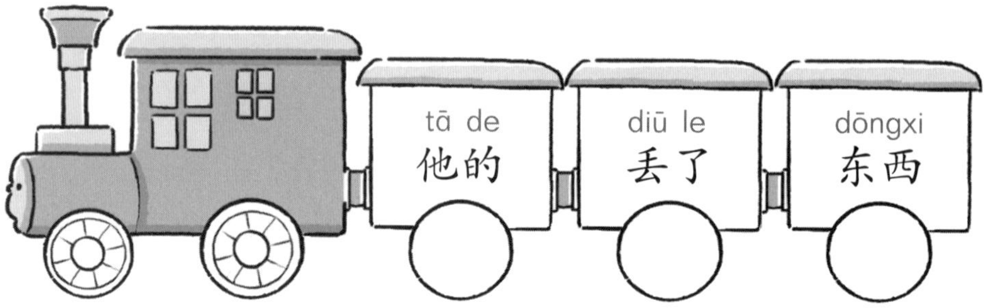

(3) zhǎodào le 找到了 / xióngmāo 熊猫 / dìdi de 弟弟的

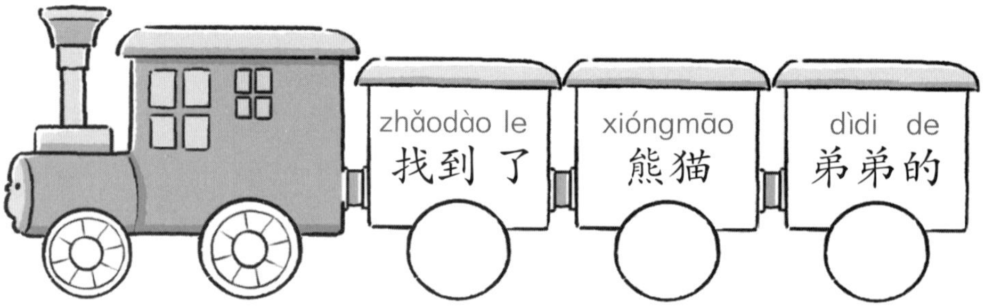

(4) zhǎo yi zhǎo 找一找 / tā 他 / bāng 帮

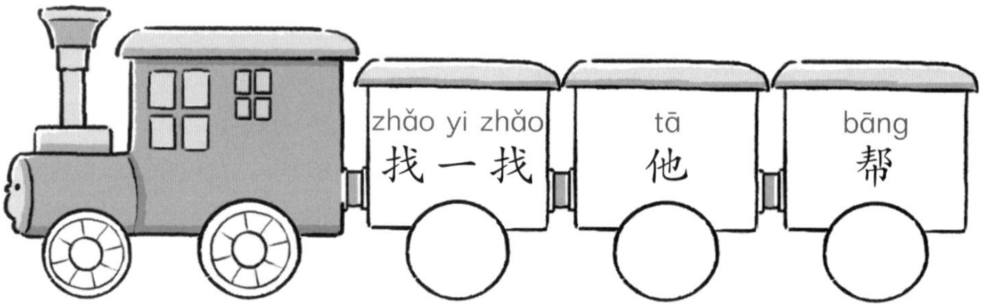

6 学一学，写一写。Learn and write.

写汉字。Write the character.

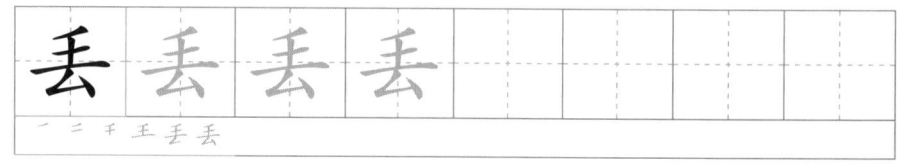

Lesson 10 谁跑得快？
Who runs fast?

1 读一读，涂一涂。Read and color.

给声母相同的汉字涂上相同的颜色。Color the characters with the same initial in the same color.

zhī 知	kuài 快	duō 多	zuì 最	hē 喝
dà 大	zǎo 早	xiāng 香	xué 学	hǔ 虎
dì 第	xiē 些	shéi 谁	pàng 胖	zhè 这
péng 朋	píng 苹	zhuō 桌	kàn 看	shòu 瘦

2 读一读，选一选。Read and choose.

读词语，选择正确的图片。Read the words and choose the correct pictures.

(1) lǎohǔ 老虎  ○  ○

(2) dì-yī 第一  ○  ○

(3) zhīdào 知道  ○  ○

(4) pàng 胖  ○  ○

(5) kuài 快  ○  ○

37

3 读一读，想一想。Read and think.

读一读，判断句子与图片是否相符，相符的画"√"，不相符的画"×"。Read each sentence and determine whether it matches with the picture. If it matches, mark "√"; if it doesn't match, mark "×."

(1)
Xióngmāo shì dì-yī.
熊猫 是 第一。○

(2)
Xiǎo gǒu pǎo de zuì kuài.
小 狗 跑 得 最 快。○

(3)
Nà zhī lǎohǔ zhēn pàng.
那 只 老虎 真 胖。○

(4)
Jiějie bǐ gēge shòu.
姐姐 比 哥哥 瘦。○

(5)
Wǒ zhīdào shāngdiàn zài nǎr.
我 知道 商店 在 哪儿。○

4 读一读，填一填。Read and fill in.

选择合适的词语完成句子。Choose the correct words to complete the sentences.

(1) Zhèxiē ___ shéi pǎo de zuì kuài?
这些___谁 跑 得 最 快？

(2) A：Nǐ juéde shéi néng pǎo dì-yī?
你 觉得 谁 能 跑 第一？
B：Wǒ bù ___。
我 不___。

(3) Nà zhī ___ de dì-yī, shòu de dì-sān.
那 只___的 第一，瘦 的 第三。

(4) Nà zhī lǎohǔ zuì pàng, dànshì pǎo de zuì ___.
那 只 老虎 最 胖，但是 跑 得 最___。

(5) Tā ___ shòu de néng pǎo dì-yī.
他___瘦 的 能 跑 第一。

juéde
A. 觉得

pàng
B. 胖

zhīdào
C. 知道

kuài
D. 快

lǎohǔ
E. 老虎

10 谁跑得快？
Who runs fast?

5 转一转，说一说。Spin and talk.

把第51页的转盘图形剪下来，按照下面的步骤制作转盘。全班同学分成A、B两组。A组第一个同学转动转盘，B组第一个同学用"得"说句子，说完后再次转动转盘由A组第二个同学说句子，依此类推，直到所有同学都参与活动。最后得分高的组获胜。Cut out the pattern of spinner on Page 51, and make a spinner following the steps below. Divide the class into two teams, Team A and Team B. The first student of Team A spins the spinner. The first student of Team B uses "得" to make a sentence. After saying the sentence, he or she spins the spinner, and the second student of Team A makes a sentence. Continue playing in this way, until every team member in both teams has participated. The team with more points wins.

★ 剪下第51页的转盘图形，并贴在硬纸板上。
Cut out the spinner on Page 51 and stick it onto a piece of cardboard.

★ 用纸卷成一个圆筒。
Make a paper roll.

★ 仿照图示，用硬纸板制作底座。
Make the base of the spinner with cardboard, as the example.

★ 把转盘、纸筒、底座组合起来！
Attach the spinner, paper roll, and base.

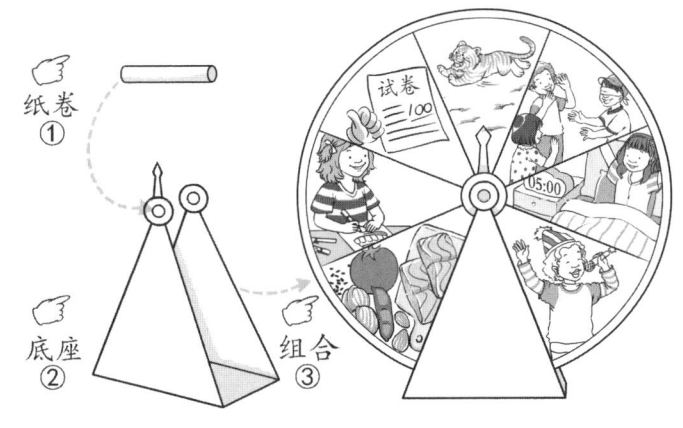

pǎo de kuài	chī de duō
跑得快	吃得多
huà de hǎo	chàng de hǎo
画得好	唱得好
tiào de hǎo	zuò de hǎo
跳得好	做得好
wán de gāoxìng	qǐ de zǎo
玩得高兴	起得早

Lǎohǔ pǎo de hěn kuài.
老虎跑得很快。

YCT 标准教程·活动手册
Standard Course · Activity Book

6 比一比，连一连。Compare and match.

读一读，将词语和相应的图片连线。Read the words, and match them with the corresponding pictures.

(1)

(2)

(3)

(4)

(5)

(6)

pàng 胖 / shòu 瘦

duō 多 / shǎo 少

dà 大 / xiǎo 小

xiào 笑 / kū 哭

lěng 冷 / rè 热

bǎo 饱 / è 饿

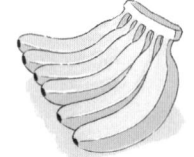

7 学一学，写一写。Learn and write.

写汉字。Write the character.

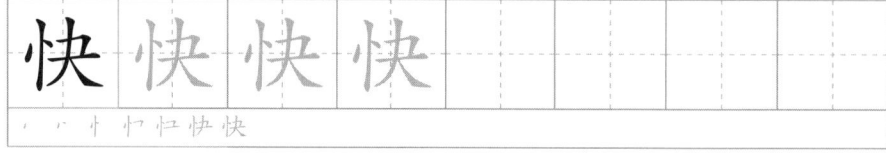

40

Lesson 11

妈妈把糖给弟弟了。
Mom has given the candy to your brother.

1 看一看，写一写。Look and write.

根据图片和汉字提示，补全拼音。Complete the *Pinyin*, using the characters and pictures as clues.

t____   m____bāo   xīg____   sh____guǒ   jīd____   niún____

糖   面包   西瓜   水果   鸡蛋   牛奶

2 看一看，选一选。Look and choose.

看图片，选择正确的词语。Look at the pictures and choose the correct words.

(1)    xīguā 西瓜 ○   píngguǒ 苹果 ○

(2)    miàntiáor 面条儿 ○   miànbāo 面包 ○

(3)    dàngāo 蛋糕 ○   táng 糖 ○

(4)    shuǐguǒ 水果 ○   mǐfàn 米饭 ○

(5)    bāozi 包子 ○   jīdàn 鸡蛋 ○

(6)    niúnǎi 牛奶 ○   chá 茶 ○

41

3 问一问，贴一贴。Ask and paste.

问一问你的家人或朋友喜欢吃什么、喜欢喝什么，把第53页的词语剪下来，贴在相应的人物旁边。Ask the members of your family or friends what they like to eat or drink. Cut out the words on Page 53, and paste them beside the people.

42

11

妈妈把糖给弟弟了。
Mom has given the candy to your brother.

4 做一做，说一说。 Make and talk.

读下列词语，画出来并做成卡片。有能力的同学可以做更多的卡片。两人一组，参照例子，利用词语卡片完成对话。Read the words below, and draw pictures to each of them to make flashcards. If you can, create more flashcards. Work in pairs and use the flashcards to have a dialogue, as the example.

老师可以先带领学生利用词语卡片复习句型。

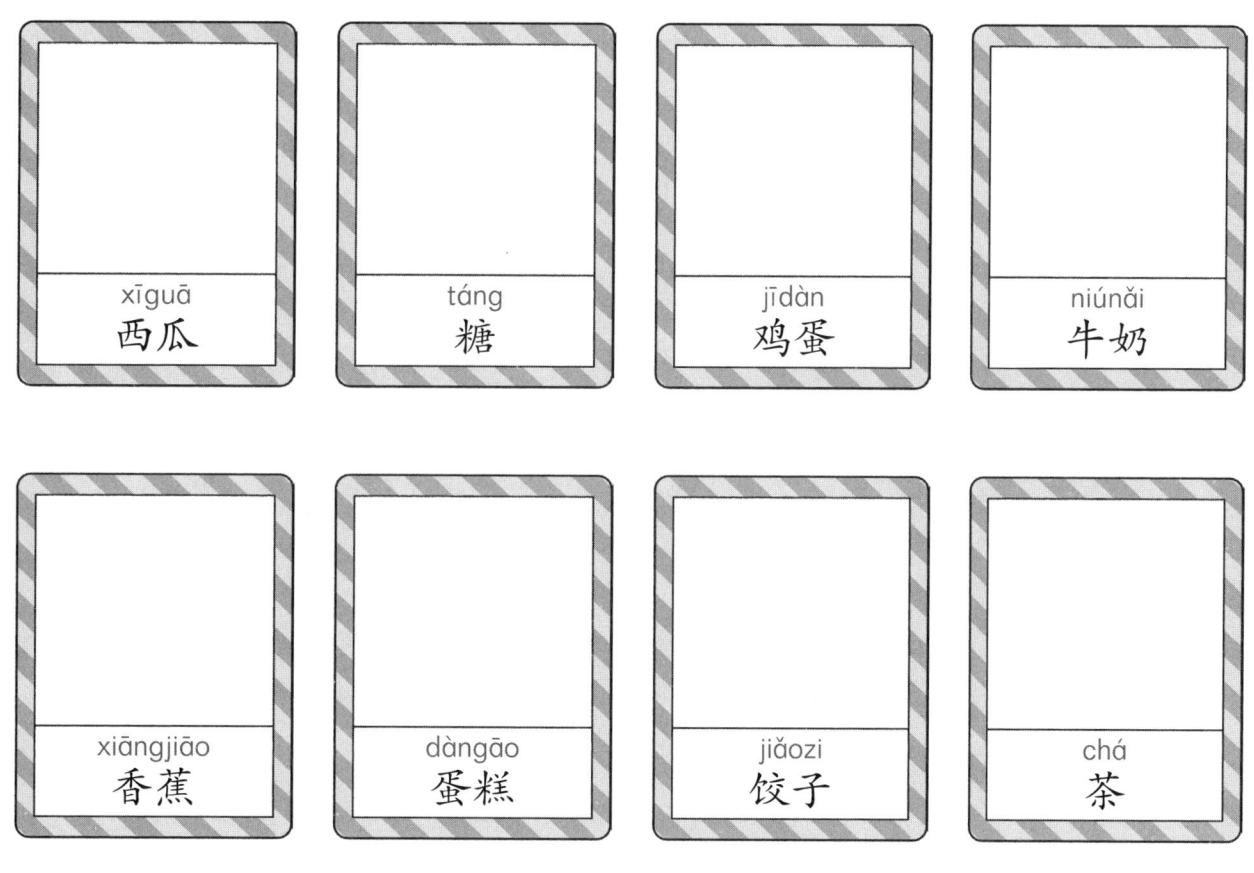

5 排一排，读一读。Reorder and read.

给词语排序组成句子，然后读一读。Rearrange the words into sentences, and read aloud.

(1)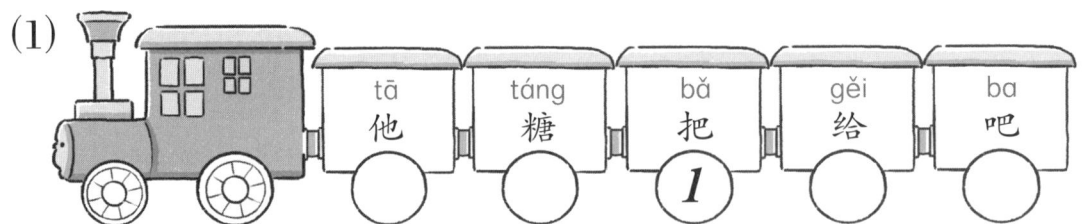

(2)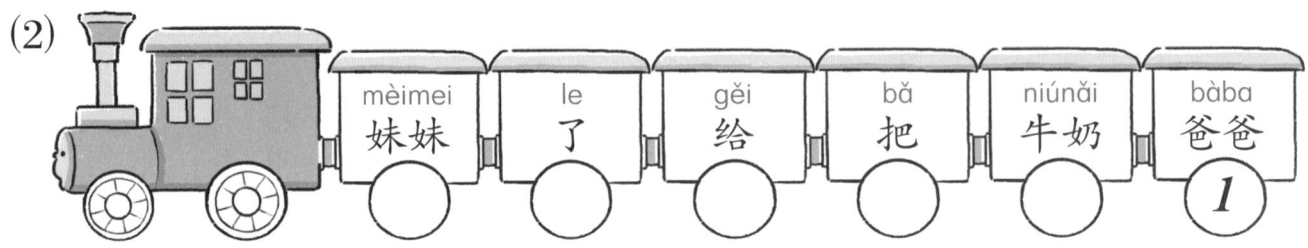

(3)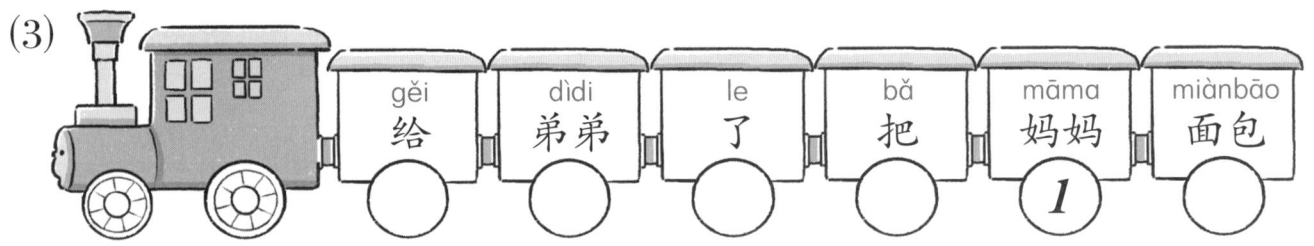

(4)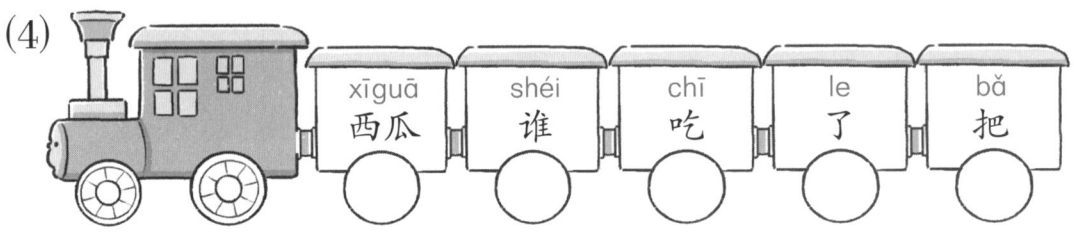

6 学一学，写一写。Learn and write.

写汉字。Write the character.

把 把 把 把
一 𠃌 扌 扌 扣 把 把

剪贴页
Cut and paste

第2课　P7

Míngtiān bú shàngkè, 明天　不　上课， wǒmen yìqǐ qù kàn 我们　一起　去　看 xióngmāo. 熊猫。	Wǒ hé nǐmen yìqǐ dǎ 我和你们一起打 lánqiú, hǎo ma? 篮球，好吗？	Dàwèi xiànzài huì yòng Hànyǔ 大卫现在会　用　汉语 dǎ diànhuà le. 打　电话　了。
Wǒ huì zuò bāozi, hěn 我　会　做　包子，很 hǎochī. 好吃。	Wǒmen xuéxiào yào lái yí 我们　学校　要　来　一 ge xīn Hànyǔ lǎoshī. 个　新　汉语　老师。	Wǒ hé nǐmen yìqǐ qù 我和你们一起去 Běijīng, hǎo ma? 北京，好吗？
Wǒ hé nǐmen yìqǐ qù 我和你们一起去 xuéxiào, hǎo ma? 学校，好吗？	Tài rè le, nàr yǒu 太　热　了，那儿　有 bīng shuǐ, wǒmen kěyǐ 冰　水，我们　可以 qù hē yì bēi. 去　喝　一　杯。	Wǒ hé nǐmen yìqǐ xué 我和你们一起学 yóuyǒng, hǎo ma? 游泳，好吗？

第3课　P10

dǎ diànhuà 打 电话	kàn diànshì 看 电视	dǎ lánqiú 打 篮球
tī zúqiú 踢 足球	zuò fàn 做 饭	chī dàngāo 吃 蛋糕
huà huàr 画 画儿	pǎobù 跑步	chànggē 唱歌
tiàowǔ 跳舞	yóuyǒng 游泳	shuìjiào 睡觉

剪贴页
Cut and paste

第8课　P31

参考句子

1	我最喜欢下雪了！	2	你听，外面下雨了。
3	太冷了，别出去跑步了。	4	外面很热吧？
5	帮我做作业吧。	6	我们出去踢足球吧。
7	我们给妈妈做一个蛋糕吧！	8	我最爱吃奶奶做的饺子。
9	我在画画儿呢。		

剪贴页
Cut and paste

第9课　P35

zhǎo yi zhǎo 找一找	xiào yi xiào 笑一笑	shuō yi shuō 说一说
kàn yi kàn 看一看	tīng yi tīng 听一听	wèn yi wèn 问一问
xiǎng yi xiǎng 想一想	huà yi huà 画一画	bǐ yi bǐ 比一比

参考句子

1　别哭，我们一起找一找。
2　找到了！笑一笑吧！
3　说一说，你喜欢什么运动？
4　看一看，你喜欢什么动物？
5　听一听，谁在唱歌？
6　这个字我不认识，问一问老师吧。
7　想一想，今天晚上吃什么？
8　画一画你的家。
9　比一比，谁的个子高？

第10课　P39

剪贴页
Cut and paste

第11课　P42

jīdàn 鸡蛋	miànbāo 面包	miàntiáor 面条儿	jiǎozi 饺子
bāozi 包子	dàngāo 蛋糕	mǐfàn 米饭	píngguǒ 苹果
xiāngjiāo 香蕉	xīguā 西瓜	táng 糖	niúnǎi 牛奶
chá 茶	bīng shuǐ 冰水	rè shuǐ 热水	

53

参考答案 Answers

Lesson 1 我三年级。

1. k, d, h, x, b, n, n, n, j
2. (1) B (2) D (3) A (4) C
3. (1) A, B (2) B, A
   (3) A, B (4) A, B
4. (1) A, B (2) A, B
5. (2) 汉语书 (3) 熊猫, 小狗
   (4) 一个是苹果, 还有一个是香蕉

Lesson 2 你喜欢什么运动？

1. (1) 运动 (2) 每天 (3) 高兴
3. (1) E, G, K (2) C, H
   (3) A, D, J (4) B, F, I
6. (1) D (2) A (3) B (4) C

Lesson 3 我在画画儿呢。

1. (1) iao (2) ang (3) u (4) ai
   (5) ao

Lesson 4 喂，您好！

2. (1) 在 (2) 题 (3) 两 (4) 家
3. (1) C (2) A (3) B

Lesson 5 再吃几个。

3. (1) A (2) B (3) A

Lesson 6 我能自己穿。

2. (1) √ (2) × (3) × (4) ×
4. (1) 能 (2) 在哪儿 (3) 我帮你穿鞋
   (4) 能
6. C, B, D, A

Lesson 7 生日快乐！

1. ù, àn, uā, uài
3. (1) E (2) A (3) C (4) B (5) D
7. (1) B, C, A   (2) C, B, A
   (3) C, A, B   (4) C, B, A
   (5) C, B, A

Lesson 8 下雪了。

3. (1) C (2) A (3) D (4) B

Lesson 10 谁跑得快？

3. (1) √ (2) × (3) √ (4) √ (5) ×
4. (1) E (2) C (3) B (4) D (5) A

Lesson 11 妈妈把糖给弟弟了。

1. áng, iàn, uā, uǐ, àn, ǎi

郑重声明

高等教育出版社依法对本书享有专有出版权。任何未经许可的复制、销售行为均违反《中华人民共和国著作权法》，其行为人将承担相应的民事责任和行政责任；构成犯罪的，将被依法追究刑事责任。为了维护市场秩序，保护读者的合法权益，避免读者误用盗版书造成不良后果，我社将配合行政执法部门和司法机关对违法犯罪的单位和个人进行严厉打击。社会各界人士如发现上述侵权行为，希望及时举报，我社将奖励举报有功人员。

反盗版举报电话　　（010）58581999　58582371
反盗版举报邮箱　　dd@hep.com.cn
通信地址　　北京市西城区德外大街4号　高等教育出版社法律事务部
邮政编码　　100120

读者意见反馈

为收集对教材的意见建议，进一步完善教材编写并做好服务工作，读者可将对本教材的意见建议通过如下渠道反馈至我社。
咨询电话　　400-810-0598
反馈邮箱　　wy_dzyj@pub.hep.cn
通信地址　　北京市朝阳区惠新东街4号富盛大厦1座
　　　　　　高等教育出版社总编辑办公室
邮政编码　　100029

图书在版编目（CIP）数据

YCT标准教程·活动手册. 3 / 苏英霞主编; 张静,
宋海燕, 解红编. -- 北京：高等教育出版社, 2018.12（2024.11重印）
ISBN 978-7-04-048614-8

Ⅰ. ①Y… Ⅱ. ①苏… ②张… ③宋… ④解… Ⅲ. ①汉语—对外汉语教学—水平考试—教学参考资料 Ⅳ. ①H195.4

中国版本图书馆CIP数据核字（2018）第276989号

策划编辑	梁　宇	责任编辑	李　玮　喻　言	封面设计	冰河文化	版式设计	冰河文化
插图绘制	冰河文化	责任校对	盛梦晗	责任印制	刘弘远		

出版发行	高等教育出版社	网　　址	http://www.hep.edu.cn
社　　址	北京市西城区德外大街4号		http://www.hep.com.cn
邮政编码	100120	网上订购	http://www.hepmall.com.cn
印　　刷	天津鑫丰华印务有限公司		http://www.hepmall.com
开　　本	889mm×1194mm 1/16		http://www.hepmall.cn
印　　张	3.75		
字　　数	60千字	版　　次	2018年12月第1版
购书热线	010-58581118	印　　次	2024年11月第9次印刷
咨询电话	400-810-0598	定　　价	35.00元

本书如有缺页、倒页、脱页等质量问题，请到所购图书销售部门联系调换
版权所有　侵权必究
物　料　号　48614-00